Género Cuento exagerado

Pregunta esencial
¿Qué tipo de historias contamos? ¿Por qué las contamos?

Don Simoncito

Claudia María Ramírez López
ilustrado por Verónica Chaves

Capítulo 1

Don Simón Antonio Bolívar y Palomo

Doña Concepción Palacios y Blanco y don Juan Vicente Bolívar y Ponce fueron los padres de cinco hermosos niños. Todos eran muy inteligentes, estudiosos, aplicados y curiosos. Sin embargo, quien tuvo mayor renombre por sus asombrosas hazañas, además de ser conocido en el mundo entero, fue el niño a quien pusieron de nombre Simón Antonio.

Simón aprendió a leer y a escribir desde muy temprana edad. Adoraba la lectura. Su alcoba y su casa entera parecían una enorme biblioteca. Además, era tan pequeño que se perdía entre cada una de las hojas de los libros, pero poco le importaba perderse entre las aventuras que leía, pues, al fin y al cabo, los libros también le daban la ruta de salida. Mientras iba corriendo, de un lado para otro, repetía sin cesar para sí mismo: “En los libros está el secreto, en los libros está el secreto”.

Este amor enorme por los libros, la lectura y las historias fue su salvación y ganó su reconocimiento mundial.

Cuando Simón Antonio Bolívar fue mayor, su tamaño siguió igual y por ello fue conocido como Don Simoncito, pero eso no fue un impedimento para hacer actos heroicos en cinco países del continente americano. Así es, fueron cinco países a los cuales ayudó. ¿Lo dudas? Continúa leyendo y sabrás cómo sucedió.

CHONI
PART 2
CHONI
PART 3
CHONI
PART 4
CHONI
PART 5
VOL II
Planeta Tierra
A

Don Simoncito tenía la fuerza de diez osos grandes, y su visión era mejor que la de un halcón. Además, era más veloz que un jaguar y tenía más sabiduría que una lechuza de ojos penetrantes. Y, cuando daba un discurso, su voz era más poderosa que un temblor de tierra en toda la cordillera de los Andes. Así era Don Simoncito lo creas o no.

No faltará quien diga que esta descripción de Don Simoncito es una exageración. Por eso es importante que prestes mucha atención a esta historia y tú mismo saques una conclusión.

Cuando Simón cumplió diez años sus papás le regalaron un caballo. Simón le puso por nombre Palomo. ¡Un caballo llamado Palomo! Este es un curioso nombre que podría confundir a muchos en el reino animal. Sin embargo, tenía una razón de peso, la cual era que el caballo tenía algo muy particular: unas hermosas alas. Palomo era un caballo volador.

Al principio, Simón debió conformarse con cabalgar con Palomo únicamente por rutas terrestres y bajo la supervisión y compañía de su padre. Pero cuando fue mayor y tuvo licencia para cabalgar por los aires, los dos llegaron hasta las constelaciones más lejanas de nuestra galaxia. Gracias a que Simón tenía una visión superior a la de un halcón pudo ver desde allí todo el continente americano, todos los países de la Tierra, toda la galaxia y el universo entero.

Al principio, los aterrizajes de Palomo eran un poco abruptos, pero, poco a poco, Don Simoncito a su caballo fue dominando hasta que sus descensos superaron a los de las mismas águilas.

Palomo era blanco, imponente, obediente y fiel. Para que Don Simoncito lo pudiera cabalgar y volar con facilidad, llevaba siempre en su lomo unas pequeñas escaleras por las que su amo podía subir y bajar sin dificultad. Además, podía alcanzar una velocidad cercana a la de la luz. Por ello, cuando corría, muchos exclamaban:

—¡Allá pasó Palomo como un rayo!

Capítulo 2

Los españoles y los americanos

Esta historia ocurrió hace un poco más de doscientos años, es decir, hace un poco más de setenta y tres mil días, cuando los españoles vivían en el continente americano y los americanos debían obedecerles. Como Don Simoncito era inteligente y muy estudioso, le pareció que los españoles no debían estar gobernando otros países. Si ellos tenían un país, España, ¿por qué querían gobernar otros?

Así fue como Don Simoncito empezó su lucha contra los españoles. Aunque tenía la fuerza de diez osos, sabía que si luchaba solo no podría contra sus enemigos. Era necesario recurrir al principio básico que había leído infinidad de veces en sus libros: "La unión hace la fuerza". Así fue como Don Simoncito se reunió con otras personas para encontrar una solución y retirar a los españoles de su territorio.

Los españoles los superaban en número, pues por cada americano había 100 españoles. Es decir, a Don Simoncito le correspondía luchar contra 100 españoles y Palomo debía tener más fuerza y más velocidad que 100 caballos. Aunque para el héroe de nuestra historia, el admirado don Simón, no fue gran trabajo, sí lo fue para los demás americanos. No era fácil adquirir coraje y enfrentarse al gobierno español. No era fácil saber que el número de españoles era mayor. Por esta razón, algunos sentían temor, pero Don Simoncito hizo algo para que dejaran de tener miedo.

Don Simón tenía muchas virtudes. Una de ellas era la comprensión. Por ello entendía a las personas y les daba ánimo con sus bellas palabras. Así llenaba de valor sus corazones. Al fin y al cabo, no hay nada que dé más coraje antes de empezar una batalla que las buenas acciones y las palabras acertadas. Este discurso de unidad, fortaleza y comprensión que dio don Simón, producto de la infinidad de lecturas que había hecho, tuvo los efectos de una pócima especial extraída del manantial de la sabiduría.

Palabras grandes y pequeñas, palabras gordas y delgadas, palabras largas y cortas, palabras extrañas y normales, palabras y más palabras fue lo que don Simón le dio a cada persona para que iniciara su misión.

Así, con la protección y energía de las palabras, don Simón iba al mando de los americanos. Entre todos lograron retirar a los españoles, sin luchas ni enfrentamientos. Solo les explicaron lo que para ellos era obvio: España para los españoles y América para los americanos. Las palabras sensatas, justas y adecuadas habían sido la mejor arma de un ejército menor en número, pero mayor en valor y esfuerzo.

Detective del lenguaje	Busca dos tiempos verbales compuestos en esta página.

Capítulo 3

La gran hambruna

Otra de las grandes hazañas de Don Simoncito fue encontrar la solución a una gran hambruna que se presentó poco después de la partida de los españoles. Todo el pueblo americano estaba unido y feliz, pues estaba buscando una forma de gobierno adecuada y justa, organizada por ellos mismos. Don Simoncito lideraba las discusiones porque era un hombre estudioso, con mucho conocimiento, que podría encontrar una solución para aquel embrollo.

Sin embargo, como ya adelantamos, la falta de comida interrumpió esta discusión. Los pastos se habían secado, las vacas no daban leche, las gallinas habían olvidado poner huevos y los árboles frutales ya no producían jugosos frutos. Es decir, ¡no había qué comer! Las personas estaban preocupadas, angustiadas y desesperadas. ¿Qué comerían? ¿De qué se alimentarían? ¿Qué beberían?

Sin agua y sin comida era muy difícil que un pueblo sobreviviera. Don Simoncito pensó y pensó, pues debía encontrar una solución para semejante problema tan grande.

Decidió volar en Palomo y recorrer todos los Andes. Recorrió grandes distancias hasta que llegó a los picos nevados. ¡Encontró una gran solución! De los picos nevados llevaría agua fresca a las personas. En esta ocasión, Palomo debía demostrar cuánta fuerza tenía y ser un héroe para todo el pueblo. No fue como en la lucha anterior, cuya fuerza debía ser superior a la de cien caballos. Ahora, por ser una misión tan especial, su fuerza se debía multiplicar y superar la de mil caballos. La fuerza de Don Simoncito no podía quedarse atrás: si antes había demostrado tener la fuerza de diez osos, en esta ocasión debía tener la de cien.

Los dos fueron a los picos nevados y, por el frío, casi se congelan. Las mejillas se les ruborizaron y la nariz les quedó más helada y tiesa que las rocas de la montaña.

Allá arriba, por encima de las nubes y pisando el hielo de las alturas, Don Simoncito cargó a Palomo con toneladas y toneladas de hielo. Y si quedaba aún espacio, más toneladas le ponía. Palomo levantó el vuelo con dificultad, porque su peso se había multiplicado enormemente. Además el hielo en su caluroso lomo le producía una sensación extraña y un poco escalofriante. Lo mismo sentía Don Simoncito, pero a ninguno le importó porque en ese momento solo pensaban en poder llevarles agua a las personas. Por fin, después de un largo y agitado vuelo, esquivando nubes, halcones y cóndores, Palomo y Don Simoncito pisaron tierra.

Debido a la sed, las personas no podían mover la lengua. Se les había agotado la energía, pero apenas vieron a nuestros dos héroes, se recuperaron un poco y comenzaron a hacer miles de preguntas.

—¿Qué es eso que trae Palomo en su espalda? —preguntó uno de los habitantes.

—Es hielo y de él obtendremos agua —respondió Don Simoncito.

—¿Agua de esa cosa blanca y fría? —preguntó alguien con desconfianza.

—Sí, lo pondremos a calentar —respondió el héroe.

—¿Tomaremos agua caliente para la sed? —preguntó otro sin hallarle sentido a esas palabras.

—Con el calor, el hielo se derretirá y así todos tendrán agua para beber y regar los pastizales, y con tierra fresca y húmeda podrán cultivar —respondió pacientemente Don Simoncito.

Encendieron una gran hoguera y allí Don Simoncito, con la fuerza de cien osos, puso las toneladas y toneladas de hielo que valerosamente había cargado Palomo. El hielo se derritió y en agua se convirtió. Las personas estaban muy agradecidas por este gran regalo que les habían hecho. ¡Ahora tenían qué beber! El pueblo estaba muy agradecido con la amabilidad de Don Simoncito. Además, le hicieron caso: empezaron a regar con abundante agua fresca los pastizales amarillos. Al principio, la tierra estaba tan seca que no tenía fuerzas para absorber el líquido, pero, poco a poco y dado el gran trabajo de toda la comunidad, la tierra se tomó el agua y los pastizales pasaron de ser amarillos a tener color verde.

Las personas tenían agua y pasto, pero, ¿qué comerían? Don Simoncito debía encontrar una solución. Las personas no podían comer pasto, pero los animales sí, así que no morirían de hambre.

Capítulo 4

Simón y Palomo viajan por el mundo

De nuevo, Don Simoncito ha volado en su caballo alado. Cruzaron los árboles, las montañas y las nubes. Alguna solución debían encontrar, pues estos dos personajes sabían que en algún lugar del mundo, comida por montones iban a encontrar. Llegaron a Francia, donde cargó Don Simoncito a Palomo con toneladas y toneladas de pan, mucho pan para la gente que no tenía qué comer. Esta vez Palomo no sentía escalofríos en su lomo, pero debió ser más veloz que de costumbre porque algunos pájaros querían los panes que él cargaba. Fue un vuelo agitado y largo. Hombre y caballo hicieron su aterrizaje en el continente americano. Llegaron cargados de pan, de tanto pan que ya nadie pasaría hambre. Luego, Don Simoncito y Palomo emprendieron un nuevo vuelo. Cruzaron las montañas, las nubes, los mares y los océanos, y llegaron a China, donde Don Simoncito cargó grandes cantidades de arroz a Palomo y este sintió las cosquillas de los granitos en su lomo. De regreso recorrieron los océanos, los mares, las nubes y las montañas. Cuando llegaron, repartieron grandes cantidades de arroz. ¿Has escuchado alguna vez proezas iguales?

Detective del lenguaje

El texto subrayado es un pretérito perfecto compuesto. Busca otro pretérito perfecto compuesto en esta página.

Mientras Don Simoncito iba en busca de comida, la gente regaba los pastizales. La tierra se volvió productiva y crecieron en ella tímidos frutos y verduras.

Don Simoncito decidió ir a Japón para traer grandes cantidades de pescado. Era urgente conseguir proteína para los pobladores americanos. Así que voló en Palomo y juntos cruzaron valles, ríos, montañas, nubes, mares, océanos y extensas cantidades de tierra hasta que llegaron a su destino. Con la extraordinaria fuerza que tenía Don Simoncito, cargó a Palomo con grandes cantidades de pescado.

Esta vez el caballo alado regresó a la velocidad de la luz, pues grandes bandadas de gaviotas lo perseguían en busca de un bocado del manjar que llevaba en su lomo. Llegó con el pescado atado a su espalda. Por la abundancia, parecía que hubieran desmantelado el fondo marino para poder alimentar a las personas de los cinco países del continente americano.

Las personas estaban en extremo agradecidas con Don Simoncito, porque les había llevado deliciosos manjares de todas partes del mundo. Como las plantas volvieron a dar frutos, su dieta se hizo más rica y nutritiva, y los niños crecieron robustos y sanos. Cuando los pastizales recuperaron su color verde y se extendieron por las montañas, y el agua empezó a fluir por los manantiales, las gallinas recordaron cómo poner huevos y las vacas decidieron dar leche. Las personas tuvieron frutas, vegetales, leche, huevos y una gran cantidad de carne para comer.

El pequeño Simón siguió siendo pequeño. Sin embargo, esto no afectó su fama, pues fue un gran héroe que, además de dar de comer a muchísimas personas, logró que cinco territorios tuvieran un gobierno propio, libertándolos del control del gobierno español. Su gran estudio, dedicación y compromiso con los demás hicieron de él uno de los grandes héroes de América.

Esta es la historia del gran Don Simoncito, que logró evitar una hambruna en cinco países. Cómo serán de importantes sus acciones que en cada ciudad hay una plaza con su estatua y una inscripción que dice: "Por aquí pasó Don Simoncito, un pequeño hombre con un gran corazón. Gracias a su esfuerzo y amor por la lectura, aquí, en este pueblo, no hubo más hambruna".

Después de todas estas aventuras, vuelvo a preguntarte: ¿Es una exageración la historia de Don Simoncito?

Respuesta a la lectura

Resumir

Usa los detalles más importantes de *Don Simoncito* para resumir el cuento. Puedes usar el organizador gráfico como ayuda.

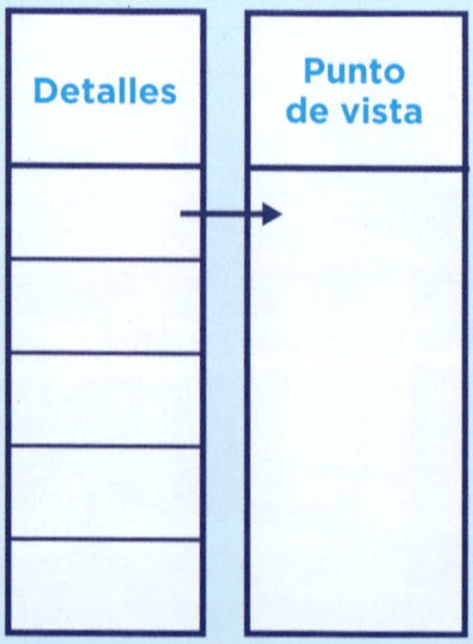

Evidencia en el texto

1. ¿Cómo sabes que *Don Simoncito* es un cuento exagerado? Identifica tres características que te permitan determinarlo. **GÉNERO**

2. ¿Qué opina el narrador acerca de *Don Simoncito*? Da varios ejemplos tomados del cuento. **PUNTO DE VISTA**

3. En la página 7 aparece la palabra *coraje*. ¿Qué sinónimos tiene? ¿Qué antónimos? **SINÓNIMOS Y ANTÓNIMOS**

4. Elige una escena del cuento y nárrala desde el punto de vista de Palomo. **ESCRIBIR SOBRE LA LECTURA**

Género Leyenda

Compara los textos

Lee una leyenda sobre una rana con mucha determinación.

CÓMO CONSIGUIÓ COQUÍ SU CANCIÓN

En la isla de Puerto Rico todo se veía hermoso, pero Paz, la cotorra jefe de la selva, estaba preocupada, pues la selva estaba tranquila, muy tranquila.

Las aves dormitaban en lugar de chillar en las copas de los árboles, como solían hacerlo. Mientras Lagartija disfrutaba del sol en una roca caliente en vez de deambular entre la maleza, Serpiente colgaba lánguida de una rama y Sapo tomaba el sol a la orilla del río. No había deslizamientos, saltos o caídas, e incluso la diminuta y silenciosa rana de árbol, Coquí, holgazaneaba y se tumbaba.

Paz deseaba que su isla rebosara de sonido y movimiento, pero las criaturas se volvían más perezosas cada día. "Debo pensar en algo para lograr que se muevan de nuevo", reflexionó.

Illustration: Caroline Hu

A la mañana siguiente, Paz chilló llamando a una reunión de la selva. Las criaturas se agruparon. Serpiente se deslizó adormilada y Sapo se dejó caer en un charco de barro mientras Pájaro Carpintero y Curruca se alineaban sobre una rama. Coquí se les unió en silencio.

—Bienvenidos, amigos —dijo Paz—. Escuchen. Todos nos estamos volviendo perezosos, así que he decidido organizar una carrera que tendrá un maravilloso premio secreto.

Al escuchar esto, Serpiente se sorprendió tanto que casi se cae de la rama. Sapo jadeó y se tragó un bocado de barro. Los pájaros revolotearon en el aire con un salvaje batir de alas y Coquí cayó al suelo.

—¡Vean! —gritó Paz—. ¡Todavía hay vida en nosotros! La carrera nos dará una razón para trabajar. Se realizará dentro de una luna a partir de hoy.

Comenzó el parloteo, pues todas las criaturas intentaban adivinar cuál sería el premio. Solo Coquí, que no tenía voz, no participó. Luego, todos salieron corriendo a prepararse.

La pereza de las criaturas pronto se adueñó de ellas y, poco a poco, todas cayeron de nuevo en su letargo.

Todas, excepto Coquí, que vio su oportunidad de vencer a los demás animales. Aunque todos se burlaron de la determinación de la diminuta rana, ella dio un salto, corrió y saltó cada día hasta el momento de la carrera.

La carrera comenzó y todos salieron veloces, pero Serpiente fue la primera en rezagarse, pues le costaba respirar. Luego siguieron las aves, cuyas alas no estaban acostumbradas a tanto esfuerzo. Después, Sapo se dejó caer en una parada, incapaz de saltar más lejos.

Illustration: Caroline Hu

Una a una, las criaturas se retiraron de la carrera y la diminuta Coquí fue la única en cruzar la línea de meta.

—¡Bien hecho, Coquí! —la felicitó Paz—. Como premio te daré lo que más deseas.

Todas las criaturas desearon entonces haberse esforzado más, pero el premio, por supuesto, fue para Coquí. ¡Lo que ella más deseaba era una voz!

Esa es la razón por la que escucharás a Coquí y a todos sus parientes llamarse con orgullo desde los árboles, "Ko-kii, ko-kii, ko-kii" si alguna vez pasas una noche en Puerto Rico.

Haz conexiones

¿Por qué las personas explican la naturaleza o los sucesos naturales por medio de leyendas? **PREGUNTA ESENCIAL**

¿En qué se parecen los relatos *Don Simoncito* y *Cómo consiguió Coquí su canción*? ¿En qué se diferencian? **EL TEXTO Y OTROS TEXTOS**

Enfoque: Género

Cuento exagerado Estos cuentos son relatos sobre personas con habilidades exageradas. Con frecuencia, resaltan cualidades que se valoran en una cultura, como la fuerza física o la confianza en sí mismo. A veces un cuento puede basarse en la vida de una persona real, pero se exageran sus proezas más allá de lo que pudo haber sido verdad.

Lee y descubre Don Simoncito y Palomo tienen habilidades extraordinarias. Estas se describen usando comparaciones exageradas. Por ejemplo, en la página 4, aparece: "Don Simoncito tenía la fuerza de diez osos grandes. Su visión era mejor que la de un halcón. Además, era más veloz que un jaguar y tenía más sabiduría que una lechuza de ojos penetrantes".

Tu turno

¿Qué habilidades valoras? Enumera al menos cinco de estas. Por ejemplo, ser un excelente bailarín, ser ágil y rápido para los deportes o tener memoria fotográfica.

Elige al menos tres habilidades y escribe para cada una de ellas una comparación exagerada que describa a una persona que tenga esta habilidad. Por ejemplo, "Tina era más rápida que un guepardo, así que podía atravesar toda África en menos de una hora".

Ilustra una de tus ideas y muéstrasela a tus compañeros.